Diario inaplazable
(Poemas con nombre propio)

Delfín Yeste

*Gracias a Pedro Artuñedo, Maruxa Duart, Beatriz
Font, Eloy Parra, Lucía Rodríguez, Jesús Nieto,
Manuel Cortijo, Angelines Prieto, Miguel Collantes y
Antonio Cuesta que han hecho posible la publicación
de este poemario.*

Diario inaplazable
(Poemas con nombre propio)

Delfín Yeste

Prólogo de Manuel Cortijo Rodríguez

❦ ediciones dyskolo

Diario inaplazable
Delfín Yeste

1ª edición: abril 2025
Publicado por Ediciones Dyskolo. Albatana (AB)
http://www.dyskolo.cc
ISBN: 978-84-128259-6-1
Depósito Legal: AB 218-2025
Ilustración de portada: Angelines Prieto
Ilustración interior: Miguel Collantes Depaz
Prólogo: Manuel Cortijo Rodríguez
Solapa: Pedro Artuñedo
Impreso en España

Descargar ebook

Prólogo
LOS AIRES MÁS CERCANOS DEL AFECTO

Afrontar y firmar estas líneas introductorias, a manera de prólogo, a este libro que acogen ahora tus manos, estimado lector, además de ser un elevadísimo honor y un privilegio para mí, supone una de las mayores satisfacciones que me ha sido otorgada en tantos años por la poesía, así como el refrendo de cerca de medio siglo de la amistad impagable, que no dejó de crecer, cuantitativamente, en ningún momento, que me unió con el poeta Delfín Yeste, su autor. Sigo creyendo fervorosamente, que mi aprecio y admiración por el poeta, traspuesto va a hacer dos años, continúan salvadas, que no podrán nunca serme arrebatadas por la muerte. Por tanto, no cabe duda alguna al respecto de esta elevación escritural luminosa que me ocupa para que él la recoja allí en su cielo.

Delfín Yeste

Desde la aparición de *Llaves* (Recorrido emocional de una trayectoria poética 1972-2012), publicado en 2012 por la Asociación Cultural «Gritos de la Sierra» de Yeste, hasta este *Diario inaplazable,* que nos incumbe, la producción escritural e irrefrenable, el holgado y fructuoso recorrido lírico de nuestro poeta, ha permanecido al margen del ámbito editorial. Pero completamente afanoso, entregado siempre al acecho poético como corresponde a un poeta activo que prolonga, asumiendo la jerarquía y autenticidad de su mundo poético, la solidez de su obra poética en todo su escribir. Trece años después, para no retrasar más su oferta sentimental, rubricada y fechada entre el 1 y 21 de diciembre de 1997, sale a la luz, *post mortem* del poeta yestero, este libro con idéntica pureza, con la misma potencia emotiva, germinativa del mejor hacer, demostrada en sus anteriores ocho entregas que la poesía española le debe a nuestro poeta.

Aquí se da cita un ramillete perdurable e inevitable de veintisiete poemas, todos espléndidos, cercanísimos, poblados de presencias afectivas, que van de corazón a corazón, es decir directamente del corazón de Delfín al agraciado de sus destinatarios.

Llega este libro a nuestras manos, debido, por una parte, al amorosísimo gesto de prolongar viva la memoria de la labor poética de Delfín, aplicable a su hija, Lucía y, por otra, a la fidelísima amistad y el paisanaje habidos entre el poeta y Pedro Artuñedo Alguacil, su mentor incondicional en vida y ahora, después, que ha custodiado celosamente en su casa, como oro en paño, durante muchos años, los manuscritos de estos poemas, sabedor de que era depositario de un tesoro mayor, de indudable valor poético. Asimismo, la artística ilustración de cubierta se le debe a Angelines, esposa, compañera de vivencias y sueños y vislumbres poéticos felices, al calor más gozoso del amor vivido y sentido a corazón abierto.

Poeta del día a día, Delfín Yeste, comprometido con su tiempo de vivir a diario con sus inquietudes, anhelos y versos por venir, fue un lírico a pie de obra al por mayor, líricamente muy bien dotado, un claro ejemplo de brioso intelectual al servicio de la poesía, de largo y generoso recorrido de ida y vuelta, fundamental y necesario de su tiempo y de este en que seguimos disfrutando en gavillas de versos cosechados de la acentuada personalidad y fuerza creadora de su obra poética inmarchitable. Dicho quehacer supone un ejercicio de demostrado amor a la palabra, que nos permite hoy comprobar la solidez de los cimientos de su poesía.

Aunque no resulta necesario abordar aquí lo tópico, lo que es sabido por quienes le conocimos y gozamos de la fertilidad de su amistad, al menos digamos para quienes le trataron menos, que Delfín, fiel a una vida entregada por entero a la poesía, fue uno de los poetas contemporáneos que, desde el placer de escribir para los otros, más poemas suyos dedicó a sus semejantes que se hicieron acreedores escogidos del afecto más hondo y puro del poeta. Aquí aparece a modo de desdoblamiento, como si pretendiese decirles a los otros lo que él quiere oír, algo así como oírse en otro y contestarse a sí mismo.

Ningún ejemplo mejor, que recalque en los interiores de lo más íntimamente cariñoso, puede dar fe de estas ejercitaciones poéticas del sentimiento que representan estos veinticinco poemas, de un total de veintisiete, dedicados a muchas de sus amistades y semejantes afines de condición próxima y veraz. Llama la atención que hasta un total de tres poemas ostentan la fecha del 5-12-97, dos la del 16-12-97 y otros cuatro la del 17-12-97. Si bien, cierto es, que se trata de poemas de corta extensión, este hecho demuestra las particulares habilidades constructivas de Delfín Yeste en el manejo del verso, como instrumento que rubrica y sella el influjo de su temperamento y genialidad artística.

Lo mismo que Machado, «Golpe a golpe, verso a verso», Delfín hizo «camino al andar», hasta llegar a ser dueño de una poesía extraordinariamente personal, dominadora de todas las suertes y quiebros felices del lenguaje poético, no apartada ni un palmo del clasicismo y la modernidad, es decir de «la forma de la lírica actual ni la de tipo tradicional y popular», tal resaltó, acertadísimamente, el escritor, dramaturgo y poeta, Juan Pedro Carrasco García, en el soberbio prólogo de *Llaves*.

Pronto aparecen en este libro las visiones sublimes del hallazgo, en un mirar y ver lo esperado y lo inesperado «Bajo el constante río que los ojos/ encuentran, nombran y acompañan», como refiere en el poema «Al lado mismo del espejo». Ya de principio, aparecen las claves, el origen lumínico, la emotividad poética que siempre trae consigo la palabra, como un ofrecimiento:

> *Y tú ¡palabra inconsútil, liminar,*
> *ondulada!... te ofreces, te das en alas,*
> *con músicas no dichas,*
> *no precipitadas ni distantes.*

Por esa misma vía, ese mismo encendimiento y sobreexcitación adicional de un estado de gracia inconfundible, se va encauzando la acción poética, cordial y reconocible, la sabia delicadeza sensitiva del creador:

> *Sabes bien que el sol está muy alto,*
> *distante, granítico... y sabes las puertas*
> *cerradas, los tesoros perdidos y sigues,*
> *sigues junto al brocal de las manos,*
> *de los ojos... tañendo, tañendo.*

La vida es la palabra a la que siempre se acoge el poeta, y sin salir de ese querer, quererse entre palabra y voz, incluso machaconamente, surge esa fidelidad amorosa de pensarla «Con dimensión de largo río», siempre fluyendo, restallante «Desde el corazón», donde escribirla «en ascuas», sabiendo que es así donde el poeta se hace dueño, «atrapa/ el humo del poema...»

Así, continuamente, nos lleva de la mano a sus territorios más queridos, esos que le conmueven y acentúan su condición de verse como un ser avezado, anhelante de estar que asume el tiempo, el suyo, iluminado de ceñidos momentos iluminadores de donde parte la evocación descriptiva del tiempo:

> *Días, días... días*
> *donde barandal y lágrima,*
> *rendija y rayo de sol*
> *adjetivan ansias, anhelos... espacios*
> *comunes y familiares a ras*
> *de las manos.*

Estamos ante un libro cuyos poemas, absolutamente diáfanos, directísimos, campean en libertad, con nombre propio, preñados de verdad poética y presencias capaces de abrirse, al unísono, a otras luces, a los aires más puros y cercanos del afecto, que dan siempre a favor del aliento profundamente presente en esta entrega inaplazable, que nace con vocación de permanencia y viene a añadirse a las ocho que, como señalamos anteriormente, la poesía española le debe a nuestro Delfín Yeste. Celebrémoslo. Unámonos en el uso y disfrute de estas evocaciones líricas indelebles, conmovedoras que nos ofrece la personalidad aprendida y sabida del poeta «disparando almíbar», lo más dulce y gustoso de una sensibilidad e imaginación creadora inconfundiblemente impar.

MANUEL CORTIJO RODRÍGUEZ
Febrero de 2025

MANUSCRITO DICIEMBRE 1997

HOMBRE Y NIEVE

A Antonio Belmonte Henares
(1-12-97)

En cualquier rincón de la vida
pone la nieve la evidencia
sutil de lo irreparable.

Levantamos una piedra de sueños
a no sé qué relámpago, soledad
o indecisión.

Intentamos pulsar las fibras
del horizonte… pero acaece
que seguimos tan solos,
tan dispersos,
tan fuera de polen o pájaro…

Y sigue la nieve
toda la nieve real o aparente,
sin mengua, del hombre.

Delfín Yeste

DE LA MANO SONÓRICA

A Fina de Calderón
(4-12-97)

Busco tu frente en el abanico
de los árboles.

Arranco los relámpagos
al cielo pleno de las palabras...
Y —no me equivoco—...

¡Estás ahí en la almendra
obstinada de la música,
corpórea, inconsútil!

A Miguel Fdez-Perdigón y Mary Lola
(5-12-97)

¡Se balancea la isla
en tantas miradas transparentes!
Muestra sus brazos desnudos
en el parpadeo de las olas, en los rostros
hermosos de los árboles, en las evidencias
de campanas y niños.

Y tú ¡palabra inconsútil, liminar,
ondulada!... te ofreces, te das en alas,
con músicas no dichas,
no precipitadas ni distantes.

AL LADO MISMO DEL ESPEJO (15-12-97)
                           A FCO. GLIT (Y SRA).

Escribo con palabras
dóciles, que la nieve peina.
Bajo el constante río que los ojos
encuentran, nombran y acompañan.
Mojo los días en la tinta
dispersa — a veces — de no hallar
el puente que entrelace manos, soles,
huellas sin ruido...
la semilla no desvanecida,
el espacio largo del horizonte.
Sigo escribiendo, escribiendo...
sueños, caminos al pie
del rotundo árbol de las dudas.

                    D. Yerte

AL LADO MISMO DEL ESPEJO

A Francisco González Bermúdez y señora
(5-12-97)

Escribo con palabras
dóciles que la nieve peina.

Bajo el constante río que los ojos
encuentran, nombran y acompañan.
Mojo los días en la tinta
dispersa —a veces— de no hallar
el puente que entrelace manos, soles,
huellas sin ruido…
la semilla no desvanecida,
el espacio largo del horizonte.

Sigo escribiendo, escribiendo…
sueños, caminos al pie
del rotundo árbol de las dudas.

Delfín Yeste

APENAS EL VIENTO

> *A Paco y Julián Creis*
> (5-12-97)

Apenas el viento… y ya… yo,
es de noche, muy de noche.
Apenas los dedos impalpables
del tiempo rompen la corteza
de los días… y tú ¡palabra!
me desvaneces antes, mucho antes
que te sueñe, llame, tacte.

Cruzan con   de músicas[*],
como vientres solares, acumulados
en fiebres y relámpagos.
Cantas, lloras, lejos de mí, ajena
a mí… oleada, distante.

---

* En el original sin palabras, espacio vacío.

Diario inaplazable

Crujen mis dientes.

Confusos espejos te delatan
sigo en duermevela.

Grito, clamo… ¡todo inútil!
Piedra, sombra…
Apenas, apenas el viento.

"EL MAR COMO UN VIOLÍN".—

PARA INÉS Y ALONSO

EN UN RINCÓN DE LA MEMORIA URGENTE
(NO SÉ SI BARRIDO O NO POR LOS RECUERDOS)
CREO HALLAR — DE VEZ EN CUANDO — AL NIÑO,
QUE TOCABA EL MAR, COMO UN VIOLÍN
DE ALGAS Y PÁJAROS SALVAJES.
DE NOCHE SE ACERCABA PARPADEANTE,
DECISIDO PARA ARRANCAR PÉTALOS
A LAS CELINDAS LOS SUEÑOS ... EL AIRE.
ASÍ .. ASÍ PASABA DE AGUA EN RACIMOS
A SENTIRSE ASOMBRADO, ¿INAGOTABLE,
VERDADERO.

D. YESTE

MADRID 6 / 12 / 97

EL MAR COMO UN VIOLÍN

Para Inés y Alonso
(Madrid, 6-12-97)

En un rincón de la memoria urgente
(no sé si barrido o no por los recuerdos)
creo hallar —de vez en cuando— al niño,
que tocaba el mar, como un violín
de algas y pájaros salvajes.

De noche se acercaba parpadeante,
decidido para arrancar pétalos
a las celindas,
los sueños… el aire.

Así… así pasaba de agua en racimos
a sentirse asombrado, inagotable, verdadero.

Delfín Yeste

DESACORDES

A Zenobia Azogue
(Madrid, 12-12-97)

Vengo de lejos con un tallo de fatigas
infinitas, que una trompeta de dudas
quiere hacer sonar en el mar
desenvainado.

Vengo y me interrogo —si es posible—
hundir los deseos en los pliegues
del poema a esas alturas del camino.

Sabes bien que el sol está muy alto,
distante, granítico... y sabes las puertas
cerradas, los tesoros perdidos y sigues,
sigues junto al brocal de las manos,
de los ojos... tañendo, tañendo.

ADORABLES FANTASMAS

A Javier López-Galiacho Perona
(Madrid, 16-12-97)

Espacio delirante
de oboes y celestas
donde no anda el agua
a poro cerrado y desahucio.

Hermosas esas historias
de nombres bien amados
con peplos y coturnos.
¡Arriba el telón!

Delfín Yeste

UNAS FIGURAS CON MURO

A Rodrigo Rubio, Rosa e hijo
(Madrid, 16-12-97)

Espacios hay para contar
las palabras cálidas del amigo
y crepitar la vida con empujón
de arcángeles.

Espacios hay con que madurar
las noches de hombres fieles
de cántaros y musgos sosegados.
Espacio hay… y el hombre sueña
consciente de esas dádivas.

ELOCUENTE RAZÓN

A Agustín Lozano
(Madrid, 16-12-97)

¿El barro?
pone voz ardiente, desnuda,
en las formas oscuras del presagio.

¿El hierro?
da a las manos iluminadas
el toque litúrgico de la figura precisa.

¿Y la piedra?
el espacio ilimitado
de lo permanente, de lo sorpresivo.

¿Y el corazón?
al barro, al hierro,
a la piedra con amor-tiempo,
con pericia y asombro sacude.

Delfín Yeste

RELENTE

A Juan Manuel A. González y Gómez de León
(Madrid, 17-12-97)

Deja escrito en turno
de a dos la perplejidad.

En el acopio con que zozobra
el vuelo de las aves…
se acerca a la transgresión.

Todo es inútil de tan sutil
e implacable, de tan adicional
y ceremonioso.

Cuantos le conocen…
saben el paso de los años
desmadejados… en el reloj.

¿Disfraz de lo inminente?
cerca del mar, como otras veces,
Como aquel niño abandonado
en los ojos.

Delfín Yeste

CON SORDINA

A Joaquín Benito de Lucas y señora
(Madrid, 17-12-97)

Pienso ¿respira el aire en todas partes?
¿huye, hierve?
¿anda suelto —por todas partes—
el gorrioncillo de la alegría?

¿Se plantan árboles feriables
en los campos de la concordia?

Porque sé que no...
me cuesta bastante —de seguro—
entrar en el corro inverosímil
de pífanos y fanfarrias...
al uso... y abuso.

RAIGAÑAS

A Emilio Cao
(Madrid, 17-12-97)

non tes un corazón
nin para o cansancio.
CARLOS CASARES

Quixera serentar
nos ollos o teu corpo.
Quixera... —ben quixera—
sulagar ansí o tempo...
tamen nascer... ¡palavra!
De teus bicos tenros.
Esquecer... esquecer
os ventos valeiros...
Valeiros...
Valeiros.

Delfín Yeste

DE LEJOS COMO EL MAR

A Fermín Higuera
(Madrid, 17-12-97)

Con dimensión de largo río
pienso en ti ¡palabra que lloras
y cantas!

Te sé en la razón última,
donde hierven las manos
y se hace cómplice cuanto somos,
cuanto miramos, viniendo
de lejos como el mar,
como los lindes de una rosa
nueva… inmensamente tuya.

UNA PORCIÓN DE MÚSICA

A María Esperanza Párraga
(Madrid, 18-12-97)

Una porción de música-onda
entrar quiere por los límites
náufragos de mi deslumbramiento,
asirme a la emoción del agua,
del instante contumaz…
a sabiendas de tu silencio
y costumbre… y
no sé si dejé escrita
la omisión de mi nombre
y sus arboladuras…

Ya es tarde… ya es olvido.

EN ASCUAS. —
A "LA TRIBUNA"

DESDE EL CORAZÓN Y LAS PALABRAS
ESCRIBO EN ASCUAS... INTRANSFERIBLES.
Con la ciudad hendida pisándome
los talones y un pedazo de tiempo
que quiere escaparse de las manos
y deslumbrarse — una vez más — por el
bosque
de piedra y asombro del Pasaje de Lodares
Te acaricio con los ojos y me delata
tu presencia ausente, mollar,
hermosísima, irrenunciable.

D. Yeste

MADRID 18/12/97

A DIMAS CUEVAS

EN ASCUAS

A La Tribuna. A Dimas Cuevas
(Madrid, 18-12-97)

Desde el corazón y las palabras
escribo en ascuas… intransferibles.

Con la ciudad hendida pisándome
los talones y un pedazo de tiempo
que quiere escaparse de las manos
y deslumbrarse —una vez más— por el bosque
de piedra y asombro del Pasaje de Lodares.
Te acaricio con los ojos y me delata
tu presencia ausente, mollar,
hermosísima, irrenunciable.

DECIR

A Mar
(Madrid, 18-12-97)

Decir que el paso o peso
de los años sosiega...
con curas de reposo
o que un montoncito
de fetiches contertulios
amansan la imaginación...

¡Nada tan impreciso!

En el fondo de una página,
de una palabra o...
de pueril indolencia...
siempre queda el poso
y el riesgo feliz, contagioso,
de seguir caminando...
caminando.

PUERTA A MEDIAS

A Graciela
(Madrid, 18-12-97)

*No hay nada más perfecto
que la imperfección.*
D. YESTE

El caballo que yerra
la sucesión del camino
de herradura, desandado…

La luz que se tiende
—arisca y sigilosa—
por los intersticios del polvo…

El poeta que atrapa
el humo del poema nostálgico…

El ave de paso… a paso lento

por el bosque incurable…

Los puntos suspensivos
sin saber nada…

A CONTRA FONDO

A Juan Borrego y señora
(Madrid, 19-12-97)

Cada palabra con rescoldo
y relente… con el silencio obstinado…
Cada eco que escriben los ojos *ceibes*
y las manos seducen… implacables
enjutas, compendian el cruento linaje
de los días, de la textura que va
cayendo —interferente y perentoria—
hasta seguir la inminencia sumisa
de lo inaplazable… mas tú señalas
—a sabiendas— de súbitos expolios
páginas irreductibles.

Delfín Yeste

CUERPO DE LUZ

A Luis Picazo y señora
(Madrid, 19-12-97)

No guardó nada (el corazón lo sabe).
Puso molino, corcho, estrella
de ilusión y el glauco ropaje
de la Tierra Blanca.

Después con dos mendrugos
de luna, salió a darle gracias
al vendedor de periódicos, al portero
de la esquina, al fogón, al abrazo:
«Veinticuatro de diciembre, fun, fun, fun».

AUNQUE CUESTE CANTAR

A Ruth
(Madrid 19-12-97)

No hubo gallos de alegría
vestidos para los colores
de la hierba.

Ni hubo lancha, mástil
ni torre con caballos
de transparente oleaje.

Pero sí hubo ascua, árbol
testa y surco para el bosque
de tus ojos *ceibes*.
Y los años que responden al mar,
al fuego, a la mano,
quedaron sellados, evidentes
en tus huesos limpios.

Delfín Yeste

A Santiago García Aracil
(Madrid, 19-12-97)

¡Si tuviéramos la verdad, la verdad
primera entre las manos!
¡Si tuviéramos el unánime tiempo
de pronunciar: pan, claro día,
tierra, esperanza, cauce de luz, agua
vibrátil de transparentes brújulas!

¡Ay, ay, ay!
el corazón —tacto corporal
de la razón—
¡bien que lo sabe!
intenta ganarte…

UNAS GOTAS DE ÁNGEL

(Madrid, 19-12-97)

Tañer de la noche con las campanas
de diciembre.

¡Agua queda, estrella de alegría
y apenas la tierra se posa sobre el alma!
Tintineo de niños, racimos de palabras
largas y hermosas como la amistad.

Todo el pueblo… en los cabellos
del invierno se peina el sosiego,
de un Niño sencillo, redondo…
que, fue y será siempre *Noite Boa*.

Delfín Yeste

QUERENCIA DE LUZ

A María Antonia Sanabria e Higinio Olivares
(Madrid, 19 y 21-12-97)

Días, para que el corazón
a punto ponga la ternura
y abra el cofrecillo de la simplicidad.

Días con que dar sentido
y acomodo a tantos pájaros sueltos
por la frente pensativa... distante.

Días, en que se destraban los ovillos
cotidianos y el esplendor
se ahorra con los humildes enseres.

Diario inaplazable

Días, días… días
donde barandal y lágrima,
rendija y rayo de sol
adjetivan ansias, anhelos… espacios
comunes y familiares a ras
de las manos.

EN ESA PIEDRA NO HAY OLVIDO

A Concha María y Víctor Ezquerro

Bebe la isla en los ojos
dulces del guirre nupcial.

Bebe y mana la isla.

Asciende y se abre en el musgo
la carne, y en sombra
de la isla que habita,
las manos,
los dientes de un relámpago,
de un sueño.

A veces escupe,
tiene que escupir la isla
el agua constante, confusa.

ARDENTÍA

A José López Martínez

Seguía
y
seguía el soplo
de la noche en lo más hondo.

Bebiendo con avidez las sombras,
las dudas, las piedras que hacia el día
le llevaban… a las almendras
del corazón… en pie.

Delfín Yeste

Toma mi canción
que nadie tiene,
sin puertas ni ventanas,
sin llaves.

Es fácil de aprender,
muy fácil,
un poco de atención
y es bastante.

Habla de pequeñas historias,
pronto se aprende,
un poco de interés
es suficiente.

Era un soldado de azúcar
fusil de chocolate
disparando almíbar
a los contrincantes,
era un grandote tobogán
todo de hojaldre.

Índice de poemas

Le agradecemos el tiempo destinado a la lectura de *Diario inaplazable*. Confiamos en que haya sido de su interés y que lo recomiende a más lectoras y lectores.

Ediciones Dyskolo es un proyecto que propone una relación diferente entre quienes escriben y cuantas personas disfrutan de la lectura. Que rehuye la mercantilización del libro, antepone el valor de uso al de cambio, y busca lectores satisfechos no clientes consumidores. Ya decía Antonio Machado que *todo necio confunde valor con precio.*

Escogemos libros comprometidos: con su tiempo, y con su género y forma. *Toda poética siempre lleva implícita una ética* (Juan Gabriel Vásquez). Somos parte de un relato que viene de más atrás. Continuidad que nos permite pensar en el pasado para comprender el presente e imaginar el futuro.

Recabamos apoyo económico gracias a un modelo de suscripción que ayuda a mantener nuestra línea editorial al margen de modas comerciales. Puede visitar nuestra web (www.dyskolo.cc) para tener información sobre las novedades de la editorial o hacernos llegar opiniones y sugerencias.